FERNANDO PAIXÃO

PORCELANA INVISÍVEL

COSACNAIFY

A João de Deus, pai
que me ensinou o silêncio

Porcelana invisível

Sem autoria e sem versos
a poesia será encontrada na pedra
no rosto e na copa das árvores
[ensimesmada

sinal
da sina
pincel em azulejos

o abraço das palavras
renova a presença das portas
e janelas de uma casa.

A poesia sim
se presta à prosa
da vida

invisível porcelana.

RELVA
NA
PELE

O rio da noite banha
O alicerce das tuas pernas
MURILO MENDES

Bebemos

Bebemos vinho para sagrar os desacertos da cidade?
Ainda ontem o teu corpo me chegou em taças lentas.
O deus da terra nos cumprimenta em estado líquido.
E uma fileira de palavras renasce nas mãos, à maneira
[breve
de quem toca um instrumento.

Jogadas

Jogadas ao canto, as roupas lembram arbustos.
Nus, os corpos abrem seixos, tocam o selo móvel.
Até a cabeça das inscrições egípcias canta em
[miniatura.
O quarto sugere o abrir e o fechar de um pulmão.
Ao correr do peito, as pequenas atenções ficam
[agudas.

Morena

Morena cor das paredes. A luz adeja objetos — eu e tu,
dois ponteiros de um só tempo.
Os pés tramam-se, os quadris inclinam-se para o azul.
E os seios. Servem de véu e moinho.

Convidados

Convidados às esquinas, a descer no subterrâneo dos
hábitos, podemos nos perder em grãos de loucura.
Em nome do desejo, homem e mulher acordam
[nascidos
para dentro.
Vêm ao encontro...

Acompanha-me

Acompanha-me a varar os muros domésticos — a
[dispensar
os chapéus alheios.
Um rio, quando abraça outro, multiplica-se nas
[águas.
Assim eu clamo e chamo.
Minhas unhas são tuas, arrasta-me por elas.

Escuto

Escuto a água invisível.
Os amigos conversam na língua da tribo.
Também as árvores imaginam ter asas.
Posso enumerar datas e nomes a coincidir com o
[balanço
das folhagens.
Desvanecem os meses, as pessoas, os lugares.

Fixamos

Fixamos as mesmas perguntas nas esquinas
e abre-se um labirinto de portas.
Amanhã promete o sol.
Se quer mesmo saber, ficarei longe dos rumores.

Tua presença

Tua presença na minha paisagem sem fronteiras
relva na pele...
Poderia dizer: eu amo.
Seria o amarelo final de uma rosa transformada.
Dia em que se pisa descalço sobre a beleza.

Estou

Estou mais inteiro, quem sabe – rente à coluna dos
[meus
anos.
Cultivaremos juntos os envelopes de silêncio.
Encontro de um rio extremo.

Depois

Depois de consumados o vinho e a carne...

PORCELANA INVISÍVEL

Molda-se a argila para fazer vasos,
mas é do vazio interno
que depende o seu uso.

I
POR
DENTRO

Fenda

Não repito
os mesmos
nítidos
idos gestos

Entre lábios
cresce
orvalho
o novo travo

Não sai o som
da voz
na manhã seguinte
com igual exatidão:

mudei
de mim?

Entre ontem
e amanhã
a minha face
tem o rosto

— de quem?

Só silêncio

O que resta calado
nó de silêncio
sem compreender

assombro infiltrado
nos detalhes mínimos
da situação presente

deixa um rastro
informe e fundo
para um rosto gasto:

palavras não bastam
o olho não sabe dizer:
melhor ficar mudo.

Afeto para violoncelo

Amantes afinados e tímidos
os ombros baixam descobertos
sobre o instrumento hirto

os seios ainda mais próximos
sentem as notas musicais
segunda pele do corpo

as cordas seduzidas em arco
multiplicam fitas sonoras
tocadas em gesto amoroso.

E o Concerto de Orquestra
ganha ares
de Eros translúcido.

Mágoas n'água

Lanço minhas dores
lágrimas ao mar
observo escamas
em brilhos d'água

(já se foram os peixes...)

Nítido aparecem nódoas
a contraluz
o negativo líquido
das minhas mágoas.

Gravura japonesa

Como quem se detém na pupila
dos gatos
e dedilha o vazio nos bolsos

desço ao teu ombro
venho dos cabelos escuros
em visita

pedalo em branco.

Sonâmbulos

A intimidade dos cães
acontece
nas sombras
como a laranjeira cresce
no quintal da família.

Na alegria
colecionamos detalhes
do muro próximo
contra os edifícios
atiramos pendengas.

Na tristeza
tamborilamos o verniz
dos móveis
maquinamos entre os dedos
os dias passados.

Cães:
novelos sem eixo
no pensamento.
Ocupam-se das casas
guardam
o coração nos armários:

— A bem da verdade
nem sabemos de que lado do espelho
moramos.

Poema como lição

Aos vinte anos o jovem poeta acreditava
ter encontrado a imagem perfeita
quando escreveu entusiasmado:

"A seta de um pássaro
não tem extremos
só repousos".

Passado o tempo aqueles versos
mais se parecem a um triângulo
de pontas severas.
Algo do barro lhes falta.

Em verdade a seta dos pássaros
curva-se ao apelo
das flores e das aves.

Cantiga d'amiga

Ah, tua chegada ao meu corpo — os dedos
são remos aéreos em bordo cego.
Roçam-me o ventre num brindar de aedo
e breve me vencem os teus chamegos.

De que me vale dizer ao desejo:
não!? Se a própria mão escreve que sim
e na pele recebo o teu cortejo
sinto-me uma cortesã carmesim.

Tuas unhas. Louca. Quero ser loba.
Inteiro bardo no centro das curvas
ocupa-me a lua no vão das pernas.
Quero-te em mim erguido em asas:

vooooooooa!

E que ao venceres a distância pouca
quero ser loba. Tuas unhas. Louca.

A mão respira

Entusiasmo
à ponta dos dedos.

No centro da palma
um punhado
de visões em prata

conjura
linhas e mais linhas
tramas

da pele abstrata.

Meditação

Começa por esvaziar a cabeça
esquece as ruas da cidade
a monotonia das horas

continua por fechar os olhos
aceita o manto negro
em convite fundo

doce mar noturno e sereno
onde se abre a cunha
de um só diamante

resiste a todo escuro
o ponto mínimo
do interno ouro

alfinete ex-
-tremo
de luz

no poema que se apaga.

Catálogo dos medos

Tenho medo das rimas negras
sílabas da morte mínima
que certas manhãs descubro
nos sinais do corpo.

Tenho medo de palavras
crescidas em muro-silêncio
porque a face se abre insone
para uma saliva em susto.

Medo dos versos
que não escreverei.
Em torno a eles circunscrevo
poemas de meia-coragem.

Medo:
de alguns poetas
suicidados em solidão.

Enquanto na página úmida
os dedos se transformam em letras
invento pássaros infláveis
para um leitor intenso.

Umas e outras

As pedras têm o seu valor
ao serem empedradas
por convicção: sem perdas.

Pedras são o oposto
de frutas, não apodrecem.
Permanecem como são.

As perdas, essas
voltam
em estado difuso:

deitam memória
nuvens involuntárias
riscam no vazio.

Amizade finda

Retiro as palavras derrotadas.
Frutos secos
levo no meu bornal.

Não há o que lamentar.
Cada um resolva o semblante
da própria face.

O canto de Billie Holiday em noites frias
traz o vestígio de quem um dia
já foi amigo.

Basta a inútil troca
de argumentos.
Atravesso a porta. Aceno.
Sigo.

Capela dos ossos

Centenas de caveiras cravejadas
no interior da capela de Évora
observam o andar do meu corpo
e a face encarnada de espanto.

Não sei o que pensam de mim
aqueles rostos secos sem face
fixos na imortal penumbra:
deixaram de ser humanos?

Sugerem uma pontada de riso
de quem vai direto ao ponto:
– A tua carne vive prazo de gozo
logo os teus ossos serão nossos.

Ora, como não temer as cabeças
de homens e mulheres difusos
(esqueletos sem direito ao nome)
assim feito ocos de si mesmos?

Com que intimidade perturbam
a passagem do mortal visitante
aquelas silhuetas imobilizadas
sem voz e sem fronte alguma:

– Só os crânios vazios nos olham.

Ao amigo suicida

Éramos tão jovens. Desconhecíamos
que a água dos mares superava
a espuma de nossos entendimentos.

Tivemos por igual
o périplo das famílias portuguesas.
Adolescentes
acostumados à solidão dos quartos
fomos ao teatro – e lá ficamos
atados
a um fascínio de formas
inconformadas.
Seguimos com o legado nos ombros...

E preferíamos a biografia dos rebeldes
porque neles
a arte dos argumentos
ilude
a medida dos próprios dedos.

Chegaste mais cedo, porém
ao momento do espelho
em que o rosto se mede
com os altos hinos
numa casa qualquer de subúrbio

onde se fez conhecer
a sentença dos teus atos
abandonando o mundo.

Fogo mínimo

O místico procura
um só nome

porta definitiva
absolutamente so

lúvel

chispa mônada cunha
fogueira mínima esfera

grão lírico da noite
o místico procura.

Asas partidas

Os ombros: base do triângulo
pendula nome, rosto
certidão de idade e sofrimento.
Outras vezes: sinal pontiagudo
da fome.

Nódoas fechadas. Clarões de sal.
Rosáceas.

Muitos lábios boreais
caíram em seu rodamoinho.
Mas não.
Contra eles, espetadas as hastes do sol.

Frutas distraídas no dorso
do homem e da mulher
aparecem. Até o caroço
são promessas. Depois
feridas que custam a estancar.

Desvios da razão

Deixam de ser anjos
os que sentem dúvida
ao dobrar dos sinos

quem aceita a noite
conhece a explosão
da tarde incendiada

prepara-te para subir
difíceis montanhas
nas ondas do mar

vultos ambulantes
bailam em febre
com os pés elétricos.

Febre egípcia

Estou desarrumado por dentro
falta-me o prumo e o centro
só confusão trago nas orelhas.

Segui navios rio acima
emoções tiradas da carteira
figura de uma cidade decaída.

Não tenho idade certa nem sei
a palavra que oferece abrigo
aos sonhos dos meus olhos

por desejar o que está além
do grito silenciado e oculto
um calor sobe no corpo.

Meu nome não me serve mais
a carne tornou-se inabitável:
a febre egípcia domina o quarto.

Pátria minha

Se a pátria continua então
o nome do pai
território que dele emana
    para um bater de asas
    desgarrado
(quando os cotovelos
meditam num balcão)

se a pátria se faz procriar
no muro das casas
    em números
    becos cidades e rios
à espera de uma coreografia
de nuvens

se a pátria mantém
    o sono
    confidente
por montanhas e mares
  abreviado
no silêncio do elevador
na vadiagem dos cães
nas frutas de hoje

o vento e os rostos confundidos

pedestres de marquises e praças
somos um coletivo
    espelho
    de que paisagem?

Tantos são os *outdoors*
    insistentes
(árvores próximas que se calem)
a repetir as novas velhas ordens
de consumo

uma espécie de ferrugem ocupa
    palavras
    em público
efeitos que giram em falso
aceleram
    o automóvel e os desejos
(mudos)

    esquivo ao catálogo de rostos
    recolhido
perco-me dos deuses
encontro refúgio em detalhes:

deparo o sinal da pátria
no tapete
no aproximar da gata
numa camiseta amassada.

II
POR
FORA

Ode matinal

Como as mãos das gentes
as manhãs se parecem
as manhãs se repetem
opala
na ponta dos telhados
nuas.

Saem os dedos rápidos
no alto dos edifícios
de trás das árvores
em velocidade
crua.

Manhãs: aceno claro
acordam por estalidos
espuma no rosto
as manhãs vestem
as manhãs crescem

carrossel nos ares.

Manhã presente
entre marquises
recortada

fere a retina
da rotina

– agora.

Ao abrir a janela

Carimbo de sol nos portões
das casas, no telhado das fábricas.

Crescemos entre os clarões diários
à procura de paisagens.
Algumas manhãs lançam
notas musicais no sangue.

E passa breve a face incendiada:
de novo os sapatos firmes
pisam na calçada, evitamos o detalhe
de cada árvore.

Dura o dia um átimo.

Feito

A Amilcar de Castro

De lado mostra
a forma
que é uma coisa
sem igual
uma peça feita
em dobras
confirmando-se
dobrada

a certa altura
acima
depois levada
abaixo
por ângulos retos
absolutos
levantam mesmo
a suspeita

algo mais que
objeto
metade claro
metade escuro
parte reta e outra
curva:

Coisa.

Tributo a Keith Jarrett

Músico
das lições aéreas

paisagem
de som e arremesso

teu pulso
dobra o tempo

planície aquecida
em prata

pontos
si bi li nos

piano
e dedos

carta de estrelas
aproximações

branco e preto
em flocos

as naturais inquietações
da água.

Notícia de inverno

As frutas refletidas no vidro ganham escamas
porque assim o vento frio ordena às coisas
que sejam outras e um tanto misturadas

a se ocuparem de uma terceira presença
no florescer de um dia novo repetido em
frio e chuva mas sempre novo para que

as frutas amadureçam secretamente
avancem ao destino de outros dias
ainda que o vidro seja o mesmo

transformado em discreta eternidade
sob a luz e o vento frio. Escamados
pêssegos laranjas peras e maçãs

aderem às evidências da rua quieta
sob os telhados e os galhos das árvores
enquanto as frutas chamam para si

escamas gratuitas. Gotas de um
esquecimento natural naquela manhã.
Brilham inteiras na guarda das caixas

refletidas no vidro ganham escamas
olhos que se multiplicam atentos
com um velho à espreita na porta.

Espera a chegada da conhecida senhora
que não veio nem virá a hora qualquer.
O vento forte traz a notícia de sua morte

abraçada ao travesseiro da madrugada
entregue a uma coroa sem volta
deixa de oferecer testemunho às frutas.

Dotada de curiosidade entregaria
os olhos ao brilho das maçãs
com o seu jeito pausado e magro

talvez tocasse uma delas com a mão
apenas para tirar do repouso
as frutas que ainda esperam

o início do dia. Fixas na mesma
janela: refletidas no vidro
com escamas. As frutas refletidas.

As frutas, a senhora, as escamas.

Algumas manhãs para Rubens

Ao Rubens Rodrigues Torres Filho

Este poema nasce da vontade
de conduzir uma carta
um envelope em busca de arte
para te levar ao rosto
um pouco da brisa clara
(sopro em diferentes janelas)
que amanhece em novo dia.

E se o meu acordar
serve de leito a tuas noites
margens do mesmo rio
ao menos chegue aos teus sentidos
o toque sedutor e rente
da amizade
que algumas manhãs sugerem.

Contêm uma qualidade mineral
as manhãs que te apresento.
Flagradas nas escamas dos peixes
e nas torres altas da cidade
entram oblíquas pelos olhos
trama num rio de anúncios:
o silêncio em bolhas.

Outras vezes descem humildes às ruas
por mãos femininas visitam
os telhados
e a pupila dos gatos.
E ainda se ocupam de embalar
sem culpa
o sono convicto dos seus rebeldes.

Nudez de papel

Se a pele
não mostra
o corpo

Se o corpo
não veste
a pele

onde
o rosto?

Fábula marinha

O peixe que se quer
solúvel
tem de ser em verdade
de cristal
    porque nele
    o reino da compenetração
    justifica
os músculos
do líquido avanço

os seus olhos
brilham mais
que fogos
    põem velocidade
    no correr
    do corpo
até os plânctons
sabem
que o peixe esguio
carrega por dentro
    a máquina
    dos elementos

assim o peixe
realiza

uma centelha
(convicta)
escondida nos pulmões

solúvel:
entregue aos caprichos
da água

excursiona em círculos
o bordo fundo
percebe as cores

— num átimo
gira
zarpa

em outra direção
zigue
zague
tonto
translúcido.

Só quando a mão curiosa
chapinha
com interesse e rigor
na água
o peixe solúvel
aparece
em cristal
levado por invisíveis
barbatanas.

Pontos cardeais

Na terra
os elefantes comportam-se como baleias
algumas árvores de raiz em brasa
edifícios sufocados no subterrâneo.

No ar
os pássaros têm sede de paragens
porta geográfica dos espelhos
os ventos são invenções do mar.

Na água
os dias resumem-se a musgo
raios de sol terminam sólidos
o vaivém da matéria é definitivo.

No fogo
as chamas escrevem nas cinzas
perguntas se evolam para o alto
a morte veste-se em lume.

No poema
Raimundo foge ao mundo
ponto de encontros cardeais
terraraguafogo num só fôlego.

Meio-dia

As nuvens poucas atualizam

passados céus

formam hieróglifos

difíceis de compreender

largas zonas
de ar em movimento

escrevem palavras

brancas

alfabeto arcaico
de algodão.

Anotação de bolso

Carlos Drummond de Andrade
(tão afeito aos modos da timidez)

apareceu em notas de cruzados
como os santinhos de papel
a serem lembrados dia a dia.

O destino pirotécnico atingiu
a figura do poeta – seus versos
à revelia convertidos em dinheiro.

O valor da cédula mal dava
para comprar o pão e o leite.
Amanhã, quem sabe o que valerá?

Compra algo a poesia?

No meio da mata

Repentinos amanheceres
brotam na contenda das cores.

As coisas postas em seu reino
de inumeráveis eixos cruzados.

Troncos de velhas árvores anunciam
uma aquarela de abandonos.

A morte se esconde no detalhe:
a terra misturada ao verme.

Bandeiras de Volpi

Testemunham o canto
o vento
das procissões no largo

as linhas sonham por si
vestem
severos ângulos. O azul

dobra-se num mundo à parte
dramatiza
a farmácia das cores.

*

Humildes
lâminas

minutos
em vertical

cores em corte
retratos

palas
no céu.

*

Azulejos de pensamento
azul

sus
pensos no varal

o livro
do pintor.

Escolha

Claro-escura
pedra
na trilha

sinal
da hora
dividida

galhos
de velhas
árvores

flores
acolhidas
na sombra

reino
de seixos
sem nexo:

por onde
seguir
caminho?

Animal

Uma leve camada de
húmus
recobre a grande pedra

escorre por sua forma
a cobertura
da relva mínima

pele outra
à luz da tarde
a Pedra

como um dorso de animal
dorme
cabeça deitada na terra.

A luz e a luva

Língua oblíqua
ao rés da madeira
avança o veludo
da hora cinza.

Invade a sombra
em visita vespertina
corre sobre a mesa
qual pele negativa

não sabemos nada
nunca saberemos
a intimidade da luz
vencida. Sombra.

Tão severa e mínima
desce a lâmina
reta e convicta:
faca na tarde fria.

A contorcionista

É necessário que sejas jovem e bela
as pernas entre a flecha
e a curvatura.
Mas não basta.

Tem de haver cabelos longos e dóceis
qual cálice negro
descendo por trás
o rosto
invertido
em boca e olhos
rara figura
como a sibila dos infernos.

Então nos diga: que conquista é essa
de recriar tronco e membros
sem obedecer ao engenho do corpo
metade *femina* metade monstro?

Não te iludas: os aplausos do circo
são tingidos de medo
quando chega a tua hora.
Ofereces dobras
que as pupilas rejeitam
mistura de troncos e membros

de desequilíbrio.
Cegam as palmas.

O teu corpo visitado por flores do mal
como afastá-lo das retinas?

Condições atmosféricas

O clima permanece triste
no subúrbio.
Os animais humanizam os cartazes
de propaganda.
É de metal a passagem dos meses.

Pouco sabemos
do tempo vindouro.
As névoas
movimentam-se entre guindastes.

Tão indelicada
a chuva
fora de hora...

Navio negro

Finda o crepúsculo
lento e agudo
ao fechar do olho

poucos fios de luz
lembram o dia
caído em silêncio.

Desce um tapume
do céu manda a lei
o inteiro negrume

– os grilos contentes
comemoram
em gritos cortantes:

rápido aproxima-se
o navio da Noite.

São Paulo, teu nome

Urbinácia máxima imperfeita
lençol de eus e meus em multidão
plantada em hastes, a planalticeia:
cidade inventada a cada pessoa.

Teus homens, mulheres e moribundos
vestem a roupa clara das manhãs
à noite desapertam os calçados da tarde
ora com nuvens, ora sem elas.

Levam às ruas o coração fechado
enquanto os olhares usurpam cores
das feias esquinas à quimera das vitrines
atados estamos ao preço das coisas.

E a matéria vivida coexiste calada
nos cômodos das mesmas casas
soma de tantos gestos e sentenças
manchas úmidas nas paredes gastas.

Insones atravessam a tua madrugada
acionam os remos largos da memória
e no amanhecer fecham os olhos cansados
indiferentes à altivez dos arranha-céus.

Na praça do bairro aparecem as primeiras
crianças – as que se interessam pela terra
acreditam na sombra das árvores
e acolhem faceiras a luz deste dia.

Aos poucos – avenidas, viadutos, prédios
despertam os músculos, os ossos e o rosto.
Novamente o corpo se levanta por inteiro
novelo de artérias sem fim nem começo.

Teu nome, São Paulo, induz ao engano,
tão pouco de ti lembra santidade.

BREVIDADES

Definição de flor

Cor
organizada

Chuva

Máquina
vertical

Escândalo
na paisagem

Não lê

QUEM
não vê

O QUE
não vê

Sentimento

A chuva mostra
o pensamento
triste
da nuvem

Feitiço

Num dia da semana
as sombras acordam
tomam-se de vida
e degolam os objetos

À Oswald de Andrade

O verde engoliu o amarelo.
O azul tingiu o branco.
Como é gostoso brincar
de nação suicida

Poesia S. A.

Estejam os poemas
livres nas casas
entre os homens:
utensílio doméstico

Poesia Ltda.

Quando os versos & cia.
rimam com mercadoria
o poema se torna pecado:
parnaso de supermercado

Lavoura arcaica

Corpo
de mulher

cultivado
com as mãos

Imagem em forma de cubo

na barca devagar o homem sentado
sentado na barca o homem devagar
devagar o homem sentado na barca
o homem devagar na barca sentado
sentado o homem devagar na barca
devagar na barca o homem sentado

Narcóticas

Vêm as moscas
pousar nas palavras
e saem tontinhas
tontinhas

Propaganda

Na Veneza do século XIV
já se bebia coca-cola

Riso

Dentes teclam
em branco

tua alegre
notícia

Alcova

Depois do vinho
celebramos
as partes vergonhosas
desavergonhadamente

Sexo

O dia inteiro
tatuado

Tempo de escrever

A tinta: o passado.

A caneta: este momento.

O papel: cai do futuro.

Autoengano

Vigiamos
a morte

sem saber
o norte

Caracol

Velocidade
em miniatura

Apartamento

Antenas. Tubos.
Cubos diversos.

Só dois pombos
entre ângulos retos.

Ao longo dos anos

Existe um tempo
que te contempla

ÍNDICE DE POEMAS

RELVA NA PELE
13 Bebemos
15 Jogadas
17 Morena
19 Convidados
21 Acompanha-me
23 Escuto
25 Fixamos
27 Tua presença
29 Estou
31 Depois

PORCELANA INVISÍVEL
I - POR DENTRO
39 Fenda
40 Só silêncio
41 Afeto para violoncelo
42 Mágoas n'água
43 Gravura japonesa
44 Sonâmbulos
46 Poema como lição
47 Cantiga d'amiga
48 A mão respira
49 Meditação
50 Catálogo dos medos
51 Umas e outras
52 Amizade finda
53 Capela dos ossos
54 Ao amigo suicida

56 Fogo mínimo
57 Asas partidas
58 Desvios da razão
59 Febre egípcia
60 Pátria minha

II – POR FORA
65 Ode matinal
67 Ao abrir a janela
68 Feito
69 Tributo a Keith Jarrett
70 Notícia de inverno
72 Algumas manhãs para Rubens
74 Nudez de papel
75 Fábula marinha
77 Pontos cardeais
78 Meio-dia
79 Anotação de bolso
80 No meio da mata
81 Bandeiras de Volpi
83 Escolha
84 Animal
85 A luz e a luva
86 A contorcionista
88 Condições atmosféricas
89 Navio negro
90 São Paulo, teu nome

BREVIDADES

95 Definição de flor
96 Chuva
97 Não lê
98 Sentimento
99 Feitiço
100 À Oswald de Andrade
101 Poesia S. A.
102 Poesia Ltda.
103 Lavoura arcaica
104 Imagem em forma de cubo
105 Narcóticas
106 Propaganda
107 Riso
108 Alcova
109 Sexo
110 Tempo de escrever
111 Autoengano
112 Caracol
113 Apartamento
114 Ao longo dos anos

SOBRE O AUTOR

FERNANDO PAIXÃO é português, nascido em 1955, mas vive no Brasil desde a infância. Sua estreia poética se deu em 1980 com *Rosa dos tempos*, seguido de *Fogo dos rios* (1989), *25 azulejos* (1994), *Poeira* (2001, prêmio APCA), *A parte da tarde* (2005) e *Palavra e rosto* (2010). Publicou ainda um estudo sobre a poesia de Mário de Sá-Carneiro (*Narciso em sacrifício*, 2003) e poemas para crianças. Profissionalmente, dedicou-se à área editorial por mais de três décadas. Em 2009 ingressou na carreira acadêmica como professor de literatura no Instituto de Estudos Brasileiros da USP. Em 2010 lançou *Arte da pequena reflexão*, em que discute os limites e possibilidades do poema em prosa contemporâneo.

COORDENAÇÃO EDITORIAL Heloisa Jahn
ASSISTENTE EDITORIAL Raquel Toledo
REVISÃO Fabiano Calixto
PROJETO GRÁFICO Tereza Bettinardi
COMPOSIÇÃO Mário Ferraz
PRODUÇÃO GRÁFICA Mariana Tavares Geraldo

Nesta edição, respeitou-se o novo Acordo Ortográfico da Língua Portuguesa.

Dados Internacionais de Catalogação na Publicação (CIP)

Paixão, Fernando [1955-]
Porcelana invisível: Fernando Paixão
São Paulo: Cosac Naify, 2015
128 pp.

ISBN 978-85-405-0881-1

1. Poesia brasileira I. Título

CDD 869.91

Índices para catálogo sistemático:
1. Poesia: Literatura brasileira: 869.91

COSAC NAIFY
rua General Jardim, 770, 2º andar
01223-010 São Paulo SP
cosacnaify.com.br [11] 3218 1444
atendimento ao professor [11] 3823 6560
professor@cosacnaify.com.br

FONTES Flama e Nyte
PAPEL Polén Soft 80 g/m²
IMPRESSÃO Loyola